Paul Gisi
**Ich promeniere mit
einem Krauskopfpelikan**
Aus den Schriften
eines alten Pfeifenrauchers

Books on Demand

Bibliographische Information der Deutschen National-
bibliothek: Die Deutsche Nationalbibliothek verzeichnet
diese Publikation in der deutschen Nationalbibliogra-
phie, detaillierte bibliographische Daten sind im Internet
über http://dnb.dnb.de abrufbar.

© 2021 Autor: Paul Gisi, op.123
Umschlagbild Ludwig Weibel
Herstellung und Verlag:
BoD – Books on Demand, Norderstedt
ISBN 9783750497580

Paul Gisi

Ich promeniere mit einem Krauskopfpelikan

Aus den Schriften eines alten Pfeifenrauchers

Ich übte den Weitsprung
übers Präkambrium
und landete vor deinen Füssen

pg

1 Mich ziehts zum lockigen glockigen Nichts

Nichts ist zu vermessen festzulegen mit dem Zirkelschlag einzukreisen keine Grenzen sind zu ziehen es gibt keinen Massstab für Fische und Vögel zu begreifen gibt es sowieso nichts gottverflucht-nochmals weder Luft noch Sonnen-untergänge weder Meerrauschen noch Pyramiden die gelangweilt rumstehen einfach rumstehen um über sie zu stolpern Lebensfülle ist zum Zerplatzen mich ziehts zum lockigen glockigen Nichts

2 Lotosrosig die Täuschung

Einwärts das Wort hautrissig sich suchend umklammert im Mistral bei Les Baux diaphan dein Lächeln lotosrosig die Täuschung handinhand verhaucht wie inexistent der Himmel doch die Sterne in flagranti ertappt Punkt um Punkt im Weltall verschwunden in deinem Auge wie-dergefunden legato gespielt nachtblau geriffelt körperumkörperverschlungen

3 Ich promeniere mit einem Krauskopfpelikan

Ich promeniere mit einem Krauskopf-
pelikan in der Avenue auf den Champs-
Elyssées und wundere mich über Menschen
die einfältig mit Menschen promenieren

4 Auf deinen Lippen zu singen

Gedankengeröll in den Unendlichkeiten auf
deinen Lippen zu singen Schneealgen in
den Blutbahnen lichtlos siebentausend-
siebenhundert Jahre alt da du lebst Wein
trinkst Theokrit liest Carl Ditters von
Dittersdorf hörst Liebe liebst lachst kann
ich nicht anders als mit dir zu sein ich male
dein Porträt mit den Augen des Häher-
kuckucks kolibrikärpflingfarben sumpf-
schildkrötenphilosophisch als neues Stern-
bild an deine Traumwände

5 Kurrlig wurrlig quurrlend der Kümmelschnaps

Tanzschritte des Schweigens perlenbesetzt
alraunwurzlig der Traum zwergisch
hünenhaft das Aufwachen aus den
Naturgeistereien des Schlafs wird grotesker
kurrlig wurrlig quurrlend der Kümmel-
schnaps mit dir getrunken lachend ab-
zottelnd entfernt sich der Meteor mich
beeindruckt das nicht der Schwammspinner
faltert umher als hätte er das Universum
erfunden

6 Die grossen schwarzen Vögel

Die grossen schwarzen Vögel verdunkeln
ganze Städte sie kommen aus der Nacht
verfinstern am Tag die Sonne und ziehn
sich wieder in die Nacht zurück

7 Die Tage sind nicht zu zählen

Der Schillerfalter im Cantabile des
Universums findet den Weg nicht mehr
zurück einfacher ists für mich mit Fontane
am Ruppiner See zu spazieren Flauberts
Salammbô zu geniessen die Gedichte auf
der *Suche nach einer Mitte* von Octavio Paz
zu lesen die Tage sind nicht zu zählen

8 Das Schellentamburin quinkurasselt empört

Pack Billionen von Lichtjahren in deinen
Rucksack wenn du dich aufmachst zu dir
selbst du musst ausdauernd sein kriechend
wie eine Raupe in die Ananas zum roten
Riesen die Basstuba wirft feuerrote Ballone
in die Luft der Mond scheint in fis-Moll in
die planetarische Verödung da empört sich
das Schellentamburin und quinkurasselt
drauflos

9 Im aschigen Gesang

Aus unbekannten Steppen kommend die
dunklen Wesen wie Riesendärme der Atem
stockt im Blutgerinnsel der Spiralgalaxie im
aschigen Gesang fern der Ton der
Zauberpfeife aztekengoldgelbe Portal-
figuren unter mir zwei Füsse fürs Bodenlose
so hell so hell die Riegelschlosszimmer in
der schlenkerigen Nacht da finden wir uns
niemals doch wie schön die Fata Morgana
die lustheisse Luftspiegelung in deinem
Atem im Traum

10 Ich pokuliere mit Lukian

Ich pokuliere mit Lukian von Samosata im
Luftschiff taumelnd hemmungslos die
Weltallkörper polubrahierend

11 Zirkus der Evolution

Tanzend auf den Schultern der Milchstrasse
im Bauch des Wals Saltos schlagend
brennende Moleküle jonglierend dies ist der
ganz normale Zirkus der Evolution mit den
Bratwurstständen der Kirchen und den
Geisterbahnen der Weisheiten die nichts
anderes als Dummheiten sind Maskeraden
Halbweltdamen Stutzer so geschiehts

12 Von dir zu träumen zu singen

Aalquappig dein Körper felsig drappfarben
flinkfüssig fockmastschlank rinnenförmig
ausgehöhlt deine Zunge von dir zu träumen
zu singen

13 Ich ruhe mich in der Lampionblume aus

Warum gunkst du mich Schicksal mit
deinen rispigen Armen lass mich in Ruh
troll dich ins Pfefferland ich ruhe mich in
der Lampionblume aus im Schlaf der
Sultansmeise in einem Fetisch aus dem
Kongo fliehe in ein Adagio ziehe mich in
einen Sumpfwurz zurück merke auf

14 Kringelndes Glück

Zu leben mit dem Weinroten Zackenbarsch
dem Zipfelfrosch den Sinfonien Mozarts
den Bildern von Paul Klee mit Gedichten
von Vicente Aleixandre das ist kringelndes
Glück in den Lebenundtodabschramme-
lungen lass es sein

15 Quallig schlammig
der Erdboden

Das Leben ein echoloser Ruf an die Felsen
der Vergeblichkeit mühe dich nicht
schwinge dich auf in die sonnenhelle
Illusion quallig schlammig der Erdboden
alles bleibt wie es ist hier unten oder nicht

16 Undwasweissderteufelnoch

Buntgescheckt der Traum über rachitischen
Abgründen du reichst mir deine Hand
rigomoras lachen wir über den Mensch-
heitsuntergang so schlimm ist das doch
nicht holterdiepolter bei diesem Arsenal
von Zahnärzten Gynäkologen Chirurgen
Sargträgern Sonnenanbetern Jubeltrubel-
fortschrittsdenkenden undwasweissder-
teufelnoch

17 Krikulorend die abseitige Stunde

Krikulorend die abseitige Stunde jahr-
tausendealt in den Ausformungen und
Verwerfungen jaja das gibts pass nur besser
auf spiel nicht ein Leben lang blinde Kuh
der Geist weht längst nicht über allen
Wassern in der Nachthöhle die Belcanto-
oper mich ergreifend du weisst es du kennst
mich rettend umarmend duzumir und
ichzudir immer

18 Kommunikation die weit trägt

Brrrrrr wollte ich sagen da mir sonst nichts
einfällt da sagtest du mir du wolltest soeben
auch brrrrrr sagen da dir sonst nichts
eingefallen ist mich beglückt diese
Kommunikation sie trägt weiter als tausend
Worte brrrrrr

19 Lache einstimmend ins Prifukozulierende

Läuse als Engel Engel als Läuse so ist die Kunde wehre dich nicht nimm die Gesamtheit wie sie ist lache einstimmend ins Prifukozulierende gescheiter wirst du nicht was du auch versuchst zu denken sittsam oder unsittsam vernünftig oder unvernünftig egal Grösseres Kleineres zu sagen ist toll und bringt nichts Amen

20 Mitschuldig im Rauch der Äonen

Worte wie Weinreben herbe süffige funkelnde bitrizwackelnd auf der Zunge Yin und Yang in der Kehle segelnd in die Grosswetterlage des Bluts unberechenbare fragile Einheit Hekuba Gemahlin des Königs Priamos schliesslich sind wir wer in den Gezeiten der Mythologie die nicht aufhören bengalisches Feuer in der Hosentasche psst verrate dies nicht du bist mitschuldig im Rauch der Äonen in Tschaikowskijs Klage seiner sechsten Sinfonie Dramma per musica hinter der Stirn ausweglos und doch

21 Verstanden wird eh nix

Chi chi jubelt der Festredner kyrillisch
verstanden wird eh nix Sprache formt sich
aus im Schweigen ora et labora in den
Fussstapfen des Zwerges des Riesen es
kommt nicht darauf an worauf es ankommt
Mostvergorenheit suszeptibler* Mensch
schlingernd der Nördliche und Südliche
Wendekreis als ob

(* suszeptibel: empfindlich, reizbar)

22 Ein Ozeansturm in der Träne

Ein Ozeansturm in der Träne harrend der
Dinge die da kommen sollen verwundert
sich die alte philosophische Turban-
schnecke Weltabgeschiedenheiten zu bu-
ckeln fürbass troloch die *surprises* des
neuen Tags so stehts geschrieben

23 Pas de chat in der Amphore

Der Fall in die Sonne erwärmt bitzelnd
kribbelnd erobern wir das Grenzenlose
liebeslustumarmt braru alles ist so schön
wenn man die Augen schliesst gib auf gib
nicht auf *pas de chat* in der Amphore auf
dem Notenpult beim sizilianischen Wein

24 Federnd durch die Lüfte

Metaphern wie Pfannendeckel unerlöst
dampfig Epigramm federnd durch die Lüfte
aufrauhend sich zu treffen

25 Tun wir nicht so als ob

Reifpilzig die Notenhälse das Lied
versickert in den Seelenfurchen wir sind
halt modern beachten die Ströme die
niemals ein Meer finden was nichts aus-
macht macht ohnehin nichts aus tun wir
nicht so als ob fangen wir gar nicht an

26 Drängend in unerwartete Abruptheiten

Das Bild mit den vorschnellen aufge-
brausten Farben den melodierunden
Formen die in unerwartete Abruptheiten
drängen Netzhautgewebe expressionistisch
mistralig dich in den Luftwurzeln porträ-
tieren für dich gemalt

27 Die Erde dreht sich im Rachen des Drachen

Dich unter einen Myrrhenbaum zu setzen
Mund und Lippen zu salben mach kein
Theater die Erde dreht sich im Rachen des
Drachen Polyzythämie saufboldisch die
verklärte Erkenntnis hohoo und überhaupt
spurlos bachab

28 Beim Erbrausen der Orgel

Vor sich hinzudruseln selbst beim
Erbrausen der Orgel der Rotbauchmolch
geniesst den exquisiten flossigen Wein
sonnenbahninliegend geschieht allerlei
wies sich gehört kreidebleich wie ein
Kalkstein das Gesicht momentan und
weiterhin ist doch alles plipperio Traumpuls
da gibt es keine Gegenmächte Gegennächte
Gegenkräfte schliefrig schlickert das Sein
Bein an Bein in die Opiumhöhle man hält
schliesslich was auf sich daneben auch

29 Die Sequenzen torkeln besinnungslos ziellos

Herrgottschtärnechaibnochmals wo ist das
Periodensystem hingekommen Zerfall der
Einheiten die Sequenzen torkeln besin-
nungslos ziellos ins Irgendwohinein
klappernde Freude für den verzweifelten
Regisseur die Morgenröte weiss noch nicht
ob sie sich röten wolle Flugsaurier um-
runden unsern Planeten es ist wie ein
Feuerwerk festlich horch wies still
geworden ist ob dus glaubst oder nicht
endlich hier und dort

30 Sich zu treffen auf Pulsaren

Unverschleiert die geologischen Jahrmil-
lionen in den Wasserunddampffontänen
astrophysikalisch kokottenhaft balalaika-
sternig die Fussmassage sich zu treffen auf
Pulsaren im Mandarinenentenschrei nahe
beim Nichts innig körperumkörper-
umschlungen in der Nacht die niemals endet

21

31 Verwunderlich meisterlich zwirbzwarbelnd

Jetzo geschahs halt verwunderlich meisterlich zwirbzwarbelnd doch ich sage nicht was fällt mir nicht ein du verstehst oder nicht da braucht es keine Worte in den flüchtigsten Gespinsten ists zu treffen zu kurz alles

32 Mich kümmerts nicht hinpinselnd

Schummerig rackelnd laubmoosig Klarheit gibt es nirgendwo mezzoforte Giftpesthauch hagedürr die Übergriffe Eingriffe mich wunderts nicht mich kümmerts nicht hinpinselnd pittoresk im Traumpizzicato der Schmelzwasserfluss kringelt sich erstaunlich um die Kontinente alles hat seine Aufgabe hinüber herüber durchüber überüber fallend versickernd aufsteigend niedersteigend aufunter oder bewegungslos so

33 Mit unfassbaren Entferntheiten

Urdunkel gefärbt verschattet verwoben mit
unfassbaren Entferntheiten in deiner schlan-
ken Hand nachts zeitloszuneigend in Liebe
im Lippenauflippenbrand nacktzunackt
Geheimnisse insohrflüsternd du

34 In den Ganglien der Aberbillionenmilchstrassen

Der Wind klappert die Gegend ab neue
Saiten findest du in der Hudelei des Wetters
in den Ganglien der Aberbillionen-
milchstrassen denk nur weit genug krakular
ein Schritt genügt ateminatem die Sonne in
der Pfeife sonst nichts das aber schon
samsulor wie Homer auf Irrfahrten gute
Fahrt ins Ungewisse ich bleibe bei dir zu
singen dies

35 Ausserhalb des Rahmens

Das Bild ist ein Bild ist ein Bild überhaupt
nicht mach keine Witze es blitzt und blatzt
und blutzt ausserhalb des Rahmens
Sonnentropfen als ob dahinter davor
daneben misch dich ein ins Geschehen
ändern kannst du nichts nur in dir grosse
Worte Wortloses wie Regengepeitsche
Delirium Wahn des Immerundüberall
virtuos erbärmlich in der Haut vielköpfige
Schatten Zerreissprobe des Anfangs das
kein Ende kennt gehupft wie gesprungen
wie Kleister an den Schuhen Flucht
misslingt gespalten endlich wird Ausser-
halbes Mitte nichts geschieht es geht weiter

36 Festtaumel mit den Kobolden im Kornschnaps

Festtaumel mit den Kobolden im
Kornschnaps hopps und flopps mit den
Honoratioren Toren Schnodderohren
Baloren was man will will man oder auch
nicht

37 Schlangenschlängelnd durch Wirrnisse

Auf los geht nichts los alles ist einfacher
komplizierter das könnte fast von Bi-Yän-
Lu sein zu lachen gibt es in den Aus-
gefranstheiten viel schlangenschlängelnd
durch Wirrnisse bitterkalt einwohnend die
Geschlechtspflanzenzyklen schattenwefend
auf dem Feld unterm Vogelzug unbekannt
die Richtung im Himmelgebräu zu sagen
dies fern so fern Winde schweigen

38 Verschwendung Verblendung

Rettichgeraspeltes auf dem Weg zum Mars
man muss schliesslich zeigen wer man ist
mehr gibt es nicht unterstützungsbedürftig
der Wahn die Diademschildkröte liest
Mörike Sterngeplinkerei bringt nichts
Verschwendung Verblendung im Weinglas
Einkreisendes zentripetal Opalglas der
Seele nicht beschreibbar koordinatenlos so
solls sein vielleicht ja nein

39 Im Abgrund des Universums

Tausenderlei Einerlei hoppsflott wie in der
Dunklen Wolke bei Johannes vom Kreuz
pirolverliebt die Hände von Euphronios
Klippe in Westirland zu schauen zu singen
ausserhalb der Zeit gestaltet brennende
Wälder im Nichtwissen im Abgrund des
Universums gerettet in den Händen die sich
feurig umklammern das Herz will stillstehn

40 Sieben Sonnen ballettanzend

Letzthin tanzten überm Pazifischen Ozean
sieben Sonnen Ballett man denke sich
sieben Sonnen ballettanzend wie grossartig
ist die Welt mit ihren Sonnen da eilt selbst
der Mistkäfer aus seinem Mist und fliegt
weit weit auf um dieses Schauspiel zu sehen
alle Tage gibt es das nicht

41 Die Angst grauplig niedergetrampelt

Das Vagantentrinklied im feuerroten
Blättergeraschel der Walpurgisnacht
Ritualdämpfe irr vertanzt von niemandem
handhabbar Geström der Sterne der grosse
Räuberhauptmann lacht und lässt vergnügt
Supernoven knallen eiei wie durchlöchert
ist doch die Nacht schmalfingrig auf deinem
Körper eingekräuselt Geflüstertes
abszessrot die Angst grauplig nieder-
getrampelt lass es einfach draufankommen
es kommt nicht drauf an das Gleiche ist
immer anders

42 Ripazones hin oder her

Umgeben von Gespinsten fremder disso-
nanter Akkorde grell verzerrt wie
ausserirdische Klangfolgen mach dir nichts
draus wie der grimmige Tigerspatelwels der
in seiner Höhle unbekümmert ein Buch liest
Ripazones hin oder her

43 Ich bin der Musikclown ohne Auftritte

Das Lachen trillert in deinen blitzenden
Augen es wäre schön du fändest mich ich
bin der Musikclown ohne Auftritte ver-
stecke mich im Geigenbauch oder grimsle
irgendwo im Clavicembalo mach dich auf
zu mir du hörst mich in vielen Falten mich
verfehlen irren kannst du nicht da ich mich
zu dir hin bewege

44 Bo Djü-i

Ich stopfe das Gedicht «Mitte der Land-
schaft» von Bo Djü-i in meine Pfeife werde
unsichtbar für alle im eignen Rauch frei zu
sein ist das Gebot der Stunde

45 Es ist alles festlich entsetzlich knurrophag

Lass dir nichts sagen Nebel alles
weltalltrunken rollt der Pillendreher die
Kugel aus Dung es ist alles festlich
entsetzlich knurrophag die Sonne versinkt
in dir weil ihr nichts Besseres einfällt das
Weitergehen auf eigene Gefahr im Uner-
messlichen zuhause verloren wer ver-
möchte zu unterscheiden stimme nicht zu
springe auf die Schulter des Vorüber-
gehenden

46 Sarabanden verstecken sich in Flockenblumen

Schwimme ruhig weiter in den Ufer-
losigkeiten in dir die Zeit ist gekommen
Zeit zu verabschieden die Blumenkohl-
qualle nickt verständnisvoll der Stern
Aquarii stimmt die Violine Zusammenfall
splitternackter Gegensätze zu denken gibt
es immer viel schön zu tun verfängt längst
nicht mehr Einsprengsligkeiten des Alls
Sarabanden verstecken sich in Flocken-
blumen halte endlich inne

47 Die Astronomei
ein Simuloren

Als ginge es um alles riech-
fläschchenridikül die Kopulationen und das
verwirrte Auseinanderrasen der Sterne
welche Posse die Astronomei ein
Simuloren um die Ohren malignes Ödem
so romantisch ists halt

48 Mit dem Wind fortzueilen

Jede Rahmung hinfällig überholt unbrauch-
bar schau ins Schauderhafte deiner Träume
lampionblumenkelchrot biophil Lustbrand
die Worte vonmirzudirvondirzumir mit dem
Wind fortzueilen Ja zu sagen

49 In der Schwingungsweite
deines Atems

Ich wage es in der Schwingungsweite
deines Atems auszuschwärmen wie eine
Lachmöwe nachts im Flug über den
dunklen Ozean zu sinnieren gibt es
immerdar viel sonnenuntergangseinstür-
zend

50 Die Aristophanes`sche Pfeife
rauchend

Ein Zizokulei abends mit einem Kräuter-
likör auf dem Balkon kleine Verrücktheiten
wenns still wird lachend die Aristo-
phanes`sche Pfeife rauchend den Liebes-
brief nicht zu schreiben der Horizont
versinkt wie eh schon immer im
Schiffsbauch wird gevögelt Halbgötter sind
vorbei trunken munkeln Gespenster in dir
auch das noch

51 Der bemooste Dichter schweigt

Als wären es Silberfäden Goldfäden im
Rubinglas der Nacht lächelst du mir zu
Wassermelonenglück der bemooste Dichter
schweigt der javanische Weihrauch steigt
auf ins uns Umschwebende Ylang-Ylang-
ölig das Streicheln der Körper quarrig
schwippend schwappend die Zungen als
hätten sie was zu sagen

52 Ankernd in dir

Ankernd in dir du zurrst mich fest an dich
ins Bodenlose du weisst dass ich das mag
schliesslich bin ich der der mit dem
Krauskopfpelikan promeniert denke nicht
beschränkt von mir ich liebe die Fährnisse
mit dir deine Flirrenheiten das Herz-
entzündete igelnelkenweissrosablütig doch
zu viele Worte das komm in die Umarmung
meines fantasiereichen melodietrillernden
Schweigens

53 Das Fieberflammige

Wie verworfen ausweglos das Fieber-
flammige Suchtgezähnte in der Paralyse

54 Es ist eh alles Täuschung unvoraussagbar

Runzlig durch Hautatrophie der alte
Hedonist der grosse Weltall-Imp hat
zugestochen doch Rettung gibt es immer ich
hab mich aufgemacht zu leben zu leben zu
leben völlig unbekümmert durch die
Vergänglichkeit es ist eh alles Täuschung
unvoraussagbar Regentropfen brauchen
keinen Sinn Pfeife zu rauchen ist alleweil
kurubrazorend herrlich auf allen Avenuen
der Welt

55 Ich vergesse niemals deinen Blick

Ich habe alle Reime vergessen sind sowieso
Schmarren in meinen Schriften suche ich
nichts hab wohl alles vergessen doch ich
vergesse niemals deinen Blick als die
Nachtstunde ins Unermessliche durchbrach
in der vereinsamten Katakombe nur wir
zwei sonst nichts alles fern umarmt

56 Die Blaue Nesselqualle muss es wissen

Bemühe dich nicht logisch zu denken in den
Quantensprüngen des Nichts Kausales gibt
es nicht denkt die Blaue Nesselqualle sie
muss es wissen einheimisch ausheimisch ist
wie Brombeergestrüpp im Garten eines
Narren dies zählt nicht im Veränderlichen
im Nebel von Monocerotis in einer
Entfernung von hundertdreissig Lichtjahren
atme endlich durch

57 Bei der vibratoundglissando-artigen Hawaigitarre

Klargliesig das Glasröhrenspiel Freuden-
sprünge über den Flammen bei der
vibratoundglissandoartigen Hawaigitarre
zu tanzen zu tanzen Hexenkraut wie gut
dass es dich gibt Phantasmagorie
ikuribinzelnd jetzt und immerdar lappige
Träume erst recht

58 Zottlige Nachtschraffuren

Lächerlich ist im Tohubawei Stellung zu
nehmen in den Bettnischen liebts sich artig
bedenkenlos was geht mich der Morgen-
vogelgesang an zottlige Nachtschraffuren
binden existenziell pippalu wagen wir den
Aufbruch rufe niemanden zu Hilfe du bist
und bleibst allein in den Konjunktionen der
Sonne zu unserm Planeten in der Pikanterie
der Widersprüche der Lust des sar-
donischen Lachens des Hauben-
kanarienvogels des Hirnbruchs in der
spinnwebigen behaarten Roten Pestwurz so
geil

59 Das Ticken der Weltalluhren weit abseits einerlei

Erinnerung zieht wie Plankton durchs Meer des Vergessens leichte Beute für den Traumschlund fliesse mit den Strömen in Lust auch gegenströmig Angst kömmt ungefragt schmiege dich in die Armbeuge der Täuschung solange es geht das Ticken der Weltalluhren weit abseits einerlei den Wind der Hoffnung gibt es nicht segel-schlapp die Fünfmastbark Stillstand die Sturmmöwe lacht in der verzweifelten Pracht auf und unter die Jahreszeiten wie ein Ballett besinnungslos balladesk der Krabbentaucher das Feinsliebchen Schick-sal füglich befrackt was für Zeiten

60 Gott ist ein Bohemien

Stossen wir an mit Zuckerrohrschnaps avanti die Welt will nicht ernst genommen werden Gott ist ein Bohemien in einer schäbigen Mansardenwohnung im fünften Stock eines zahnlückigen Altstadthauses dies ist zu sehen

61 Kubistisch die Herztöne

Ohrenbetäubend zu grell für die Augen
kubistisch die Herztöne vorwärts rückwärts
aufwärts niederwärts die Augen höllentor-
weitaufgerissen blutig schrägdurchzogen
nicht deutbar wir geben uns die Hand als ob
das möglich wäre über die Fieberlinie
hinaus sprich nicht weiter

62 Ich umflattere Zyklamen und Damen mit tausend Namen

Ich hab mich verloren in dir du
Achsosehrgelübte Wanderdüne Nimbo-
stratüs du Schwimmdock Arabeske
Burgzugbrücke Rotationsellipsoid ich
umflattere Zyklamen und Damen mit
tausend Namen circensische Akrobatenlust
grazüpöngend wer einmal lebt hat immer
gelebt Amen

63 Sterne wie Klageweiber im Bordell

Sterne wie Klageweiber im Bordell die
Welt ist aus den Fugen geraten macht nichts
sie kugelt sich den Bauch vor Lachen
haltend weiter im Spiel des Universums als
sei nichts geschehn so ist das halt

64 Das delphische Orakel Spektakel Tentakel

Spizziglorus die Andacht nachts eine
Verkleckserei der Weisen die noch niemals
etwas wussten Tüpfelhyänen des Rechts das
es nicht gibt närrisch hurrabummbei das
delphische Orakel Spektakel Tentakel des
Wahns höhnisch in der Morgen-
dämmerungsglut noch habe ich meine
Pfeife nicht gestopft und angezündet der
Rauch des Abgesangs kann warten oder
nicht nichts spielt eine Rolle

65 Ruinen zu bauen
ist des Architekten Lust

Ruinen zu bauen ist des Architekten Lust
gelernt ist gelernt und bezahlt wird jeder
Mist ach dass das Aufgeblähte zerplatzte
doch es bläht sich ungehindert weiter auf
mach dir nichts draus es hülfe nichts wirf
dich in die planetenumspannenden Flam-
men trink kühlen zungenkräuselnden Wein
vergiss vergiss vor dem rettenden Kuss

66 Zu rabuzzinzeln und
rikonozzotteln wäre vonnöten

Zu rabuzzinzeln und rikonozzotteln wäre
vonnöten in dieser ausgelaugten Zeit
Hindernisse aufzutürmen Wegweiser zu
vernichten Irrlichter aufzuhängen neue
Notenzeichen zu erfinden Festgefügtes
niederzureissen doch in meinen Schriften
gibt es kein Programm ich bin alt geworden
rauche meine Pfeife frei geworden für eine
grosse Freiheit

67 Mit dem Drehwippkran
der Worte

Mit dem Drehwippkran der Worte gehts los
Schiffe zu bauen für die weite Überfahrt
Tanzgrostesken gotisches Kirchenportal
Palmblattschrift dich im Orionnebel zu
kitzeln wie Protuberanzen ziehen wir keine
Grenzen Wüsten- und Steppenzonen
dehnen sich in uns aus Winzerbursche in
der ausgebrannten Weinkelterei o immer
das Hasplige ich lebe für dich

68 Wir sind aufgeklärt

Ich fühle mich wohl in der Kneippschenke
mit dem Klosterbier Lustreiz nach Mitter-
nacht Philosophei ist eine träge einfältige
Nachtmütze zuplumpendes Nichts so zu
reden geht nicht wir sind aufgeklärt
Gedanken nephrogen wir wissen um viele
Zusammenhänge bis zum Kollaps

69 Sonnen in meine Luftherberge aufzunehmen

Ich lass es mir nicht nehmen Sonnen in
meine Luftherberge aufzunehmen sie
dürfen sich ausruhen vor der langen Nacht
in der die Marimba schweigt

70 Irgendwo ein riesiges aufgerissnes Maul

Es kann sein gewagt ists dies zu sagen in
unsern unsangbaren Zeiten hetzgepeitscht
von der Künstlichen Intelligenz macht was
ihr wollt irgendwo ein riesiges aufgerissnes
Maul Totenkopfschwärmer belagern die
Zunge es ist alles so herrlich ausweglos
lachschrill gierig und o die Konsequenzen

71 In Endlosschleifen nachgedacht

Rundherum wird zwackselig imitiert nach-
gemalt nachgeplappert in Endlosschleifen
nachgedacht Kompottgerührtes allerorten
ihr könnt mir alle

72 Dein plakatgrosser Brief und meine Antwort

Unter deinem plakatgrossen Brief
verschwand mein Pult ich hatte lange zu
lesen und dann versuchte ich zu antworten
kam bloss zum Wort *Kannitverstan*

73 Die Sehnsucht
des Inkakakadus

Aufeinander zuzustapfen ist verlornes
Liebesbemühn Ratlosigkeit ziellose Ver-
sunkenheit schwelende Müllhalde es bleibt
die Sehnsucht des Inkakakadus des Süd-
ostpassats in allen Blutbahnen aufzufliegen
fortzufliegen in die Umarmung des
Doppelsterns Virginis

74 Doch es gibt dich

Mehltau Schimmelpilz die Pagoden
zerfallen stumpf verfault alles zuzuphren
doch es gibt dich

75 Im Schleppnetz der Milchstrassen

Im Schleppnetz der Milchstrassen tanze ich
Hula-Hopp lohflammend mit moussie-
render Laune grätige grimmende freudlose
Tiraden verabscheue ich inmitten ent-
blösster Heiterkeit Verlassenheit ich nehme
es nicht so genau

76 Das Looping meiner Sätze

Ich schenke dir als obs dich gäbe mein
Fresko das Looping meiner Sätze crescendo
decrescendo du verstehst schon Zopffrisur
Lockenhaar bemühe dich nicht zazzophon
der Wind gerade so oder ganz anders

77 Verkringelt in Perseus` Sternhaufen

Die Sumpfkresse ist rettungslos versumpft
weil sies nicht anders will im Moor über den
Wolken in der unsichern Empathie
verkringelt in Perseus` Sternhaufen Geister-
bahnen wie eine Fliege auf Buddhas Bauch
ein Notenfähnchen in der Zeitlosigkeit im
Ziergiebel des Atems zwischen Pianissimo
und Fortissimo notenschlüsselunbekannt

78 Zapplig als obs keine Ruhe gäbe

Lichtgeriffelt nachtschwappend hin und her
zapplig als obs keine Ruhe gäbe mach dich
bereit für den galaktischen Äquator im
Auge des Antennenschilderwels du findest
dich nie

79 Ananassüss der Kometenschweif auf der Zunge im Kuss

Ananassüss der Kometenschweif auf der Zunge im Kuss synkopisch vorkragend zellular rosmarinwohlriechend liebeslusttrunken die Komposition der Erregungen vernünftiger gehts nicht in der Auflösung dem Niedersturz

80 In den Buntbarschfarben

Unentzifferbar die fremde Notation die mich besuchen kommt im Weinglas in der Asymmetrie des Bewusstwerdens in den Buntbarschfarben krebsgehäutet antaresdelirierend so ist das halt mach dir nichts vor schweigsam redend malend das Ende ist absehbar

81 Immoralisch zu sein ist so schön

Grotesk Normen umstellend hirtenflötend immoralisch zu sein ist so schön ich verachte jeden Kotau bewundernd neblig die Rabenkrähe fliegt kurzentschlossen ins silberne mispelige Herz Lokalanästhesie im Traumpuls

82 De brevitate vitae – Von der Kürze des Lebens

Von Seneca

Ein paar Pfeifen zu rauchen und das Leben ist vorbei das ist doch allerlei sagt der der mit dem Krauskopfpelikan promeniert

83 Sterne wie Kugelmotten oder Papiermützen

In einem Henriquatre-Bart beobachtet eine
Laus heitervergnügt umherwimmselnde
Zweibeiner es gilt die richtige Perspektive
zu finden und schon scheinen Sterne wie
Kugelmotten oder Papiermützen in einem
Fasnachtsumzug von der Berg-und-Tal-
Bahn aus predigen Pfaffen ihr Gelabber die
Welt will sich nicht finden vorbei vorbei
rasch guten Morgen gesagt bevor es Abend
wird

84 Oder sonstwie unverankert

Heliakisch sonnennahe Gestirne im
Erscheinen und Verschwinden ver-
schlammt lieber wäre es mir zizerlweis oder
lastkahntuckernd oder sonstwie unver-
ankert

85 Abzutauchen ins Verspielte

Abzutauchen ins Verspielte in der
Regenperiode des Sternbilds Wassermann
im Liebeslied des weisen Igelfischs im
Traum des purpurrotblütigen Zweihäusigen
Katzchenpfötchens abzutauchen ins Sauer-
süsse einer noch nicht komponierten
Sinfonie loszulassen endlich abzutauchen

86 Wahrnehmungsbilder Wesensbilder strabuzzinzeln

Die Tastatur der Vernunft ist kaputt
sinnliche Wahrnehmungsbilder Wesens-
bilder strabuzzinzeln wie verrückt überm
Schwemmkegel unter quelligen Wolken-
fetzen jede Orientierung ging längst
bankrott wie schön

87 Nur flaumenleicht Offnes

Niemand kann glauben etwas zu glauben
wenn er nicht mehr in der Steinzeit lebt
Festgefügtes gehört in den Müll nur
flaumenleicht Offnes ist des Denkens wert
Grenzenloses die Histörchen der denkmal-
bemützten Heroen der Ehrwürdigen sind
lachhaft denke ich ernst nichts kann myop
über einen Leisten geschlagen werden unter
einer Nebelglocke ist nur Angst zu finden
gib es auf es ist alles anders

88 Nacktzunackt
weltallklingelnd herzflatternd

Der Herbstabendanfang in der Infirmität
meiner Worte im Wahnsinn des Recitals
lebensprühend im Meeresneunauge nackt-
zunackt weltallklingelnd herzflatternd
wenns ernst wird infernal Enttabuisierung
nachts nie fassbar zum Vorneherein zeig
dich im Ruckeln der Zuneigung scho-
feligfrei als käme es drauf an eben nicht

89 Heute Nacht bei mir auf Besuch

Hodenrund das Zirkumpolarsternbild
Giraffe in elf Milliarden Lichtjahren
Entfernung heute Nacht bei mir auf Besuch
wie die Kohlkratzdistel auf meinem
Fensterbrett ich mag euch beide wir treiben
es zu Dritt moralisch hemmungslos frei
brabofülor denn was gut ist ist gut
hintersinne dich nicht es brächte nur das
was es nicht bringt

90 Im Fabelhaften deines wispernden Körpers

Illusionen Illuminationen der Täuschung
e-Moll-Konzertsatz im Fabelhaften deines
wispernden Körpers mir dargereicht

91 Grosse Lotterei

Zwischen zwei Wimpernschlägen vergehen
Millionen Staubjahre der Weltallkrösus
spielt wie ein Uhu va banque grosse
Lotterei mitternachtgespenstisch ich stehe
mit einem Bein mitten im Leben mit dem
andern auch

92 Seitwärts wie zwei Krabbenspinnen

Ich klopfe dich aus dem Schlaf aus dem
Haus heraus wir wollen zusammen auf die
Suche gehen seitwärts wie zwei
Krabbenspinnen geradeaus vor uns gibts
nichts im Verwinkelten die Nachhallzeit
unhörbar sprachlos bestürzt

93 Von Überraschung zu sprechen wäre übertrieben

Von Überraschung zu sprechen als der Boden unter mir aufklaffte aus den weissen kugelbauchigen Wolken Drachen vor meine Füsse purzelten Noten in einer unbekannten Handschrift quakten wäre übertrieben übernächtigte Alliterationen schwankten umher wie gut dass es da keinen Alkoholblutgrenzwert gibt masslos ists so oder so und jetzt verschwinde ich mit dir ins Feinsandige Oroporende Nichtüberschaubare wir du ich zu sagen

94 Erinnerungen unverzerrte Abbildungen ineins

Am Bratwurststand im grossen Quadrat des Pegasus duftete es köstlich Erinnerungen unverzerrte Abbildungen ineins der Denkentwurf muss grenzenlos sein die wichtigen Schiffswege sind ausserhalb aller Bojen ahoi blinder Passagier

95 Tanzpantomime beim Foxtrott

Die Grille bläst die Bassposaune unbe-
scheiden drauflos es lärmt sowieso überall
wie toll die Erdkarte zu vermessen bleibt
offen in der Tagundnachtgleiche die Füsse
zu kühlen im Fluss Eridanus die
Raketenbrennkammer explodiert heissa-
hussa was für eine Tanzpantomime beim
Foxtrott Gleitwiderstand liedhaft wir ziehen
uns alle zur Mitleidenschaft hinüber
herüber zueinanderüber Nichtmitspieler
sollen sich trollen niemand gewinnt und
doch

96 Von Äquilibristik kann keine Rede sein

Von Äquilibristik kann keine Rede sein
alles fiel aus dem Gleichgewicht un-
veränderbar als wir uns begegneten nichts
war einzurenken einzulenken aufzurappeln
Besessenheit als Charakteristikum die
Phänomenologie ist übergeschnappt Ter-
minologien Schnapsquatsch es gilt sich neu
zu besinnen als ob

97 Was soll man machen

In der fünfundzwanzigsten Tagstunde
verfinsterte sich der Himmel bock-
stockdunkel was einstmals glitzernd
umherflitzte ich rieb mir die Augen es
nützte nichts lacrimoso die Musik das
Maisgelbe war nicht mehr sichtbar was soll
man machen

98 Als hätte dies uns weitergebracht

Das Gewimmel miteinander durcheinander
wir sind längst keine Illusionisten mehr die
schwappende Zeit der Vorsokratiker ist
vorbei nicht einmal in den Fischkiemen gibt
es den leeren Raum deutbarer die
Geheimnisse als hätte dies uns
weitergebracht

99 Mähnenzottig tintig die Nebelbank

Mähnenzottig tintig die Nebelbank bei den
Upanishaden Erkenntnis will singen

100 Musst einfach beginnen

Hört endlich auf mit dem Gewackel eurer
Sinnlosigkeit dem Leierkastenorgeln was
für ein Mordsspektakel um nichts das ihr
renitent treibt auf gehts solistisch oder im
Ensemble was für eine Ouvertüre musst
einfach beginnen jetzt

Paul Gisi, 1949 in Basel geboren, Schulen in Basel, Primarlehrerpatent in Zug, einige Jahre Schulpraxis, Aufenthalte in Südfrankreich, viele Jahre lang Korrektor in der Ostschweiz, über 120 Publikationen, hauptsächlich Lyrik, aber auch Kurzprosa, Sätze und Briefe, erhielt wenige Preise, lebt zurückgezogen in Rorschach am Bodensee.

www.zackenbarsch.ch
zackenbarsch.gisi@gmail.com